Low-Carb Rezepte für den Thermomix TM31 und TM5:

Smoothies Brot Suppen Gemüse & Fleisch

Abnehmen - Diät - Gewicht reduzieren - Schlank werden

Julia Kaiser

Bibliografische Information der Deutschen Nationalbibliothek:
Die Deutsche Nationalbibliothek verzeichnet diese Publikation in der
Deutschen Nationalbibliografie; detaillierte bibliografische Daten
sind im Internet über http://dnb.dnb.de abrufbar.

2. Auflage 2019
Cover-Titelbild: © Can Stock Photo
Copyright © 2019 Julia Kaiser
Alle Rechte vorbehalten

Herstellung und Verlag: BoD – Books on Demand, Norderstedt
ISBN 9783749409723

Inhaltsverzeichnis

Vorwort...1
Low-Carb Smoothie-Rezepte: 2
Low-Carb Brot-Rezepte: 7
Low-Carb Suppen-Rezepte:.......................12
Low-Carb Gemüse-Rezepte: 18
Low-Carb Fleisch-Rezepte:........................28

VORWORT

Low-Carb ist eine Ernährungsform, bei der auf kohlenhydratreiche Lebensmittel verzichtet wird. Kohlenhydrate werden vom Körper in Zucker umgewandelt und lassen den Insulinspiegel ansteigen, weshalb Hungergefühle die Folge sind. Die Low-Carb Diät führt zu einem verbesserten Sättigungsgefühl und hilft beim Abnehmen. Statt kohlenhydratreiche Beilagen wie Reis, Brot und Kartoffeln, sollten Gemüse, Eier und Milchprodukte auf dem Speiseplan stehen.

In diesem Rezept-Buch finden Sie abwechslungsreiche und unkomplizierte Gerichte mit wenig Kohlenhydraten. Sie sind geeignet für den Thermomix TM31 und TM5. * - *Bei der Bezeichnung „Thermomix" handelt es sich um eine geschützte Marke der Firma Vorwerk (CH)

Hinweis:
Jede Art von Diät sollte vorher mit einem Arzt besprochen werden.

Low-Carb Smoothie-Rezepte:

Grüner Low-Carb-Smoothie

Pro Portion ca.: 143, 15 kcal, 6 g Kohlenhydrate

Zutaten für 4 Portionen:
1 Avocado
½ Bund Dill
1 Limette
150 g Spinat
3 Stangen Sellerie
700 g Wasser

Zubereitung:
Die Avocado schälen und das Fruchtfleisch in grobe Stücke schneiden. Dill waschen, trocken schütteln und die Spitzen grob hacken (1 TL für die Garnitur beiseitelegen). Limette auspressen.

Spinat waschen, trocken schleudern und grob hacken. Den Sellerie waschen, putzen und die Stangen in grobe Stücke schneiden.

Alle Zutaten in den Mixtopf geben und 40 Sek./Stufe 7 pürieren.

Wasser zugeben und 7 Sek./Stufe 7 mixen.

In Gläser füllen, mit Dill bestreuen und servieren.

Beeren-Smoothie mit Quark und Minze

Pro Portion ca.:   108 kcal, 8 g Kohlenhydrate

Zutaten für 4 Portionen:
100 g Brombeeren
200 g Erdbeeren
1 kleine Salatgurke
500 g Quark, fettarm
8 frische Minzblätter
300 g Wasser

Zubereitung:
Beeren waschen und trocken tupfen. Salatgurke waschen, schälen und in grobe Stücke schneiden.

Die Zutaten mit dem Quark in den Mixtopf geben und 30 Sek./Stufe 9 pürieren.

Minzblätter waschen und trocken schütteln. (4 Blätter für die Garnitur beiseitelegen).

Minzeblätter und Wasser in den Mixtopf geben und nochmal 30 Sek./Stufe 10 mixen.

In Gläser füllen, mit den restlichen Minzblättern dekorieren und servieren.

Melone-Himbeer-Fenchel-Smoothie

Pro Portion ca.: 116 kcal, 21 g Kohlenhydrate

Zutaten für 4 Portionen:
200 g Fenchelknolle
1 kleine Wassermelone
400 g Himbeeren
500 g Wasser

Zubereitung:
Den Fenchel waschen, putzen und grob schneiden. Die Wassermelone halbieren, entkernen und das Fruchtfleisch grob schneiden. Himbeeren waschen und abtropfen lassen. (8 Himbeeren für die Garnitur beiseitelegen).

Zutaten in den Mixtopf geben und 30 Sek./Stufe 10 pürieren.

Wasser zugeben und 7 Sek./Stufe 7 mixen.

In Gläser füllen, mit jeweils zwei Himbeeren dekorieren und servieren.

Feldsalat-Grapefruit-Smoothie

Pro Portion ca.: 72 kcal, 10,9 g Kohlenhydrate

Zutaten für 4 Portionen:
2 rosa Grapefruits
100 g Erdbeeren
400 g Feldsalat
1 Bund Petersilie
400 g Wasser

Zubereitung:
Die Grapefruits schälen und in grobe Stücke schneiden. Erdbeeren waschen und das Grün entfernen. Feldsalat und Petersilie waschen und trocken schleudern.

Die Zutaten in den Mixtopf geben und 1 Min./Stufe 10 zerkleinern.

Wasser zugeben und 7 Sek./Stufe 7 mixen.

In Gläser füllen und servieren.

Papaya-Mandel-Smoothie mit Grünkohl

Pro Portion ca.: 66 kcal, 3,3 g Kohlenhydrate

Zutaten für 4 Portionen:
1 Papaya
4 Grünkohlblätter
20 g Mandelmus, ungesüßt
400 g Mandelmilch, ungesüßt
20 g Mandelsplitter

Zubereitung:
Die Papaya schälen, halbieren, entkernen und das Fruchtfleisch in Stücke schneiden. Grünkohlblätter waschen und trocken schleudern.

Die Zutaten in den Mixtopf geben und 1 Min./Stufe 10 zerkleinern.

Mandelmus und Mandelmilch zugeben und 7 Sek./Stufe 7 mixen.

In Gläser füllen, mit Mandelsplitter dekorieren und servieren.

Low-Carb Brot-Rezepte:

Chia-Brot

Pro Scheibe ca.: 138 kcal, 3,81 g Kohlenhydrate

Zutaten für 1 Brot ca. 800 g, ca. 15 Scheiben:
550 g Magerquark
4 Eier
350 g Mandelmehl
1 TL Natron
2 EL Chia-Samen
1 Prise Salz

Zubereitung:
Den Backofen auf 190 °C (Umluft 170 °C und Gas Stufe 3)
vorheizen.

Alle Zutaten in den Mixtopf geben und 3 Min./Teigstufe durchkneten.

Den Teig ein paar Minuten ruhen lassen, in eine gefettete Brotform
geben, mittig horizontal leicht einritzen und im vorgeheizten
Backofen ca. 40 Min. backen.

Nuss-Brötchen

Pro Brötchen ca.: 187 kcal, 6,29 g Kohlenhydrate

Zutaten für ca. 12 Brötchen
6 Eier
250 g Magerquark
100 g Haselnüsse, gemahlen
100 g Walnüsse, gemahlen
1 Pckg. Backpulver
60 g Mandelmehl
1 Prise Salz
etwas Milch

Zubereitung:
Den Backofen auf 160 °C (Umluft: 140 °C/Gasherd: Stufe 2) vorheizen.

Alle Zutaten außer der Milch in den Mixtopf geben und 3 Min./Teigstufe durchkneten.

Aus dem Teig Brötchen formen und auf ein mit Backpapier ausgelegtes Blech legen.

In der Mitte einritzen und mit Milch bepinseln.

Im vorgeheizten Backofen ca. 50 Min. goldbraun backen.

Saftiges Leinsamenbrot

Pro Scheibe ca.: 164 kcal, 3,49 g Kohlenhydrate

Zutaten für 1 Brot ca. 800 g, ca. 15 Scheiben:
150 g Leinsamen
200 g Mandeln, gemahlen
1 Pckg. Backpulver
300 g Magerquark
4 Eier
1 TL Salz

Zubereitung:
Den Backofen auf 180 °C (Umluft 160 °C und Gas Stufe 3)
vorheizen.

Leinsamen mit kochendem Wasser übergießen und zugedeckt ca. 30
Min. quellen lassen.

Leinsamen, gemahlene Mandeln und das Backpulver in den Mixtopf
geben und 10 Sek./Stufe 4 verrühren. Magerquark, Eier und Salz
zugeben und 3 Min./Teigknetstufe kneten.

Den Teig in eine gefettete Brotform geben, mittig horizontal leicht
einritzen und im vorgeheizten Backofen ca. 40 Min. backen.

Herzhaftes Knäckebrot

Pro Scheibe ca.: 75 kcal, 1,66 g Kohlenhydrate

Zutaten für ca. 16 Stück
150 g Mandelmehl
50 g Sesam
50 g Sonnenblumenkerne
30 g Käse, gerieben
1/2 TL Salz
10 EL Wasser

Zubereitung:
Den Backofen auf 160 °C (Umluft: 140 °C/Gasherd: Stufe 2)
vorheizen.

Alle Zutaten außer Wasser in den Mixtopf geben und 1 Min./Stufe 4
verrühren. Wasser zugeben und 3 Min./Teigknetstufe kneten.

Die Masse auf ein mit Backpapier ausgelegtes Backblech geben und
dünn ausstreichen.

Im vorgeheizten Backofen ca. 40 min. backen. Noch warm in gleich
große Stücke schneiden.

Kürbiskernbrot

Pro Scheibe ca.: 130 kcal, 1,91 g Kohlenhydrate

Zutaten für 1 Brot ca. 800 g, ca. 15 Scheiben:
4 EL Leinsamen
250 g Mandelmehl
2 TL Backpulver
1 TL Salz
4 Eier
30 g Butter
1 EL Schmand
50 g Kürbiskerne

Zubereitung:
Den Backofen auf 180 °C (Umluft 160 °C/Gas Stufe 3) vorheizen.

Leinsamen in den Mixtopf geben, 10 Sek. /St. 10 zerkleinern.

Mandelmehl, Backpulver, Salz zufügen und 1 Min./Stufe 4 verrühren.

Restliche Zutaten, außer Kürbiskerne, zugeben und 3 Min./ Teigknetstufe kneten.

Den Teig in eine gefettete Brotform geben, die Kürbiskerne darüberstreuen und im vorgeheizten Backofen ca. 40 Min. backen.

Low-Carb Suppen-Rezepte:

Linsen-Kokos-Suppe

Pro Portion ca.: 178 kcal, 19,5 g Kohlenhydrate

Zutaten für 4 Portionen:
1 Zwiebel
1 g Olivenöl
100 g rote Linsen
1 Stange Staudensellerie
600 g Gemüsebrühe
Salz, Pfeffer
200 g Kokosmilch, zuckerfrei
5 Stängel Minze
100 g Joghurt, fettarm
1 g Limettensaft

Zubereitung:
Die Zwiebel schälen, im Mixtopf 4 Sek. /Stufe 5 zerkleinern und mit dem Spatel hinunterschieben. Das Öl dazugeben und 2 1/2 Min./Varoma/Stufe 1 dünsten.

Die Linsen abbrausen, abtropfen lassen, zugeben und 2 Min./100 °C/Stufe 1 weiterdünsten.

Staudensellerie waschen, putzen, in Scheiben zugeben und 5 Min./Varoma/Stufe 2 dünsten.

Gemüsebrühe zugeben, mit Salz und Pfeffer würzen und für 30 Min./100 °C/Stufe 1 kochen. Für 20 Sek./ Stufe 10 pürieren. Die Kokosmilch zugeben und für 1 Min./100 °C/Stufe 1 köcheln lassen.

Minze abspülen, trocken schleudern und klein hacken. Joghurt mit Limettensaft und Minze vermischen. Mit Salz und Pfeffer abschmecken.

Suppe in Tellern anrichten und mit je einem Klecks Minz-Joghurt servieren.

Topinambur-Apfel-Suppe

Pro Portion ca.: 226 kcal, 13,02 g Kohlenhydrate

Zutaten für 4 Portionen:
2 kleine Zwiebeln
400 g Topinambur
200 g säuerliche Äpfel
10 g Butter
700 g Gemüsebrühe
1 EL Limettensaft
Salz, Pfeffer, Muskat
1 /2 Bund Basilikum

Zubereitung:
Die Zwiebeln, Topinambur und Äpfel schälen, das Kerngehäuse der Äpfel entfernen und im Mixtopf alles 5 Sek./Stufe 5 zerkleinern.

Butter zugeben und 2 Min./Varoma/Stufe 1 dünsten.

Restliche Zutaten bis auf das Basilikum zugeben und 19 Min./100°C /Stufe 1 kochen.

Die Suppe 30 Sek./Stufe 10 pürieren.

In Tellern anrichten und mit abgezupften, gewaschenen Basilikumblättern dekoriert servieren.

Gemüsesuppe mit Pfifferlingen

Pro Portion ca.: 127 kcal, 10,5 g Kohlenhydrate

Zutaten für 4 Portionen:
1 Frühlingszwiebel
20 g Butter
300 g Pfifferlinge
3 Pastinaken
2 Karotten
400 g Gemüsebrühe
Salz, Pfeffer, Muskat
1 Bund Petersilie

Zubereitung:
Die Frühlingszwiebel abspülen, im Mixtopf 5 Sek./Stufe 5 zerkleinern und mit dem Spatel hinunterschieben.

Butter zufügen und 2 Min./Varoma /Stufe 1 andünsten.

Pfifferlinge putzen (12 Stück beiseitelegen), Pastinaken und Karotten schälen, im Mixtopf 5 Sek./Stufe 5 zerkleinern und 4 Min./Varoma/Stufe 1 dünsten.

Gemüsebrühe hinzugeben und 20 Sek./Stufe 10 pürieren. Mit Salz, Pfeffer und Muskat abschmecken.

Die Suppe 4 Min./ 90°C /Stufe 2 köcheln lassen.

Petersilie waschen und fein hacken. Suppe in Tellern anrichten, mit je 3 Pfifferlingen und Petersilie servieren.

Bärlauch-Cremesuppe

Pro Portion ca.: 225 kcal, 10,8 g Kohlenhydrate

Zutaten für 4 Portionen:
1 Zwiebel
250 g Topinambur
2 Knoblauchzehen
30 g Butter
700 g Gemüsebrühe
100 g Bärlauch
200 g Sojacreme
Salz, Pfeffer

Zubereitung:
Die Zwiebel, Topinambur und Knoblauchzehen schälen und halbieren. Im Mixtopf 5 Sek./Stufe 5 zerkleinern.

Butter zufügen und 2 Min./Varoma/Stufe 1 andünsten.

Gemüsebrühe hinzugeben und 25 Min./80°C/Stufe 2 köcheln lassen. Bärlauch waschen, putzen, grob hacken (4 TL beiseitelegen) und dazugeben.

Suppe mit Sojacreme, Salz und Pfeffer abschmecken und 20 Sek./Stufe 10 pürieren.

Suppe in Tellern mit je 1 TL Bärlauch anrichten und servieren.

Karottensuppe mit Kürbis

Pro Portion ca.: 239 kcal, 14,1 g Kohlenhydrate

Zutaten für 4 Portionen:
500 g Hokkaidokürbis
400 g Karotten
4 Steckrüben
1 rote Chili
600 g Gemüsebrühe
150 g Crème fraîche
Salz, Pfeffer
1 Bund Schnittlauch

Zubereitung:
Den Kürbis halbieren, entkernen und das Fruchtfleisch im Mixtopf
15 Sek./Stufe 4 zerkleinern.

Die Karotten und Steckrüben schälen, in Stücke schneiden und im
Mixtopf 5 Sek./Stufe 5 zerkleinern.

Chilischote waschen, entkernen und in feine Ringe schneiden.
Gemüsebrühe und Chilischote in den Mixtopf und 20 Min./90°C
/Stufe 1 köcheln lassen.

Suppe mit Crème fraîche, Salz und Pfeffer abschmecken und 20
Sek./Stufe 10 pürieren.

Schnittlauch waschen und in Röllchen schneiden.

Suppe in Tellern mit Schnittlauch anrichten und servieren.

Low-Carb Gemüse-Rezepte:

Gemüse-Frittata

Pro Portion ca.: 244 kcal, 6,88 g Kohlenhydrate

Zutaten für 4 Portionen:
250 g Tomaten
1 Bund Petersilie
1 Pastinake
1 rote Bete
80 g Gouda
6 Eier
5 EL Schlagsahne
Salz, Pfeffer

Zubereitung:
Den Backofen auf 190°C vorheizen (Umluft 170°C / Gas Stufe 3).

Tomaten waschen und in Scheiben schneiden. Petersilie waschen, trocken schütteln und fein hacken.

Pastinake und rote Bete waschen, putzen und im Mixtopf 5 Sek./Stufe 5 zerkleinern.

In eine gefettete, runde Auflaufform geben.

Gouda im Mixtopf 10 Sek./Stufe 7 zerkleinern.

Eier, Sahne und Petersilie verquirlen. Mit Salz und Pfeffer würzen und über das Gemüse in die Auflaufform gießen. Mit Tomatenscheiben belegen und dem Käse bestreuen.

Im Backofen ca. 25 Minuten backen. Frittata in Tortenstücke schneiden und servieren.

Shirataki-Nudeln mit Brokkoli und Pinienkernen

Pro Portion ca.: 393 kcal, 24,8 g Kohlenhydrate

Zutaten für 4 Portionen:
60 g Pinienkerne
100 g Parmesan
1 Zwiebel
20 g Olivenöl
450 g Milch
200 g Frischkäse
Salz, Pfeffer
600 g Brokkoli
350 g Shirataki-Nudeln
1 Bund Basilikum

Zubereitung:
Pinienkerne in den Mixtopf geben, 2 Min./100 °C/Stufe 1 rösten und umfüllen. Parmesan in den Mixtopf geben, 15 Sek./St. 8 zerkleinern und umfüllen.

Zwiebel schälen in den Mixtopf geben und 5 Sek./Stufe 5 zerkleinern.

Öl zugeben, 2 Min./Varoma/St. 1 dünsten. Milch, Käse, Salz und Pfeffer dazugeben und 5 Min./100°C /LL/Stufe 1 aufkochen.

Brokkoli waschen, putzen, Röschen grob zerteilen, in den Varoma geben und mit Salz und Pfeffer würzen.

Shirataki-Nudeln mit heißem Wasser sehr gut waschen, in den Mixtopf geben.

Varoma aufsetzen und ca. 3 Min./Varoma/LL/Sanftrührstufe garen.

Parmesan zugeben und 2 Min./70°C /LL/Sanftrührstufe
untermischen. Basilikum waschen, trocken schütteln und die
Blättchen abzupfen.

Nudeln, Brokkoli und Pinienkerne vermischen und mit Basilikum
garniert servieren.

Karotten-Zucchini-Puffer und Kräuter-Quark-Dip

Pro Portion ca.: 250 kcal, 22 g Kohlenhydrate

Zutaten für 4 Portionen:
300 g Zucchini
600 g Karotten
1/2 Bund Petersilie
3 Eier
70 g Mandelmehl
10 g Limettensaft
Salz, Pfeffer
30 g Olivenöl
Für den Dip:
frische Kräuter, z. B. Schnittlauch, Petersilie, Thymian, Dill
100 g Magerquark
40 g Sauerrahm
Salz, Pfeffer

Zubereitung:
Zucchini und Karotten waschen und putzen, grob in Stücke schneiden und im Mixtopf 10 Sek./Stufe 5 zerkleinern.

Petersilie waschen, trocken schleudern und hacken.

Eier, Mandelmehl, Limettensaft, Salz, Pfeffer und gehackte Petersilie in den Mixtopf zufügen und im Linkslauf 40 Sek./Stufe 5 verrühren.

Öl in einer Pfanne erhitzen, kleine Teigportionen hineingeben, etwas flach drücken und beidseitig ca. 2-3 Min. knusprig braten.

Für den Dip die Kräuter waschen, trocken schleudern und im Mixtopf 7 Sek./Stufe 5 zerkleinern. Die restlichen Zutaten zugeben und 10 Sek./Stufe 3 verrühren.

Karotten-Zucchini-Puffer mit dem Kräuter-Quark-Dip anrichten und servieren.

Knuspriger Flammkuchen mit Kirschtomaten

Pro Portion ca.: 1025 kcal, 23,1 g Kohlenhydrate

Zutaten für 4 Portionen:
Für den Teig:
250 g Mandeln, gemahlen
2 EL Mandelmehl
1 Msp. Backpulver
etwas Salz
1 Ei
Für den Belag:
2 Zwiebeln
1 Knoblauchzehe
200 g Schmand
150 g Crème fraîche
1 Eigelb
300 g Kirschtomaten

Zubereitung:
Den Backofen auf 190° C (Umluft 175°C / Gas Stufe 3) vorheizen.

Die Zutaten für den Teig in den Mixtopf geben und 1 Min./ Teigstufe verarbeiten.

Teig dünn, auf einem mit Backpapier ausgelegten Backblech, ausrollen und ca. 6 Min. im Backofen backen.

Zwiebeln und Knoblauchzehe schälen, halbieren und im Mixtopf 5 Sek./Stufe 5 zerkleinern.

Die restlichen Zutaten bis auf die Tomaten in den Mixtopf geben und 10 Sek./LL/Stufe 3 verrühren. Den Flammkuchen aus dem Backofen nehmen und die Masse gleichmäßig darauf verstreichen. Die Kirschtomaten waschen, halbieren und darauf verteilen. Im Backofen ca. 10 Minuten fertig backen.

Gefüllte Auberginen

Pro Portion ca.: 137 kcal, 11,1 g Kohlenhydrate

Zutaten für 4 Portionen:
4 Auberginen
Salz
5 Tomaten
1 rote Paprika
1 gelbe Paprika
2 kleine Zwiebeln
300 g Champignons
30 g Olivenöl
Pfeffer

Zubereitung:
Den Backofen auf 190° C (Umluft 175°C / Gas Stufe 3) vorheizen.

Auberginen waschen, putzen und der Länge nach halbieren, mit einem Löffel aushöhlen und etwas salzen.

Tomaten, Paprika waschen und entkernen und alles zusammen mit dem Fruchtfleisch der Auberginen in den Mixtopf geben und 5 Sek./Stufe 5 zerkleinern und umfüllen.

Zwiebeln schälen und halbieren, Champignons putzen und im Mixtopf 5 Sek./Stufe 5 zerkleinern.

Öl zufügen und 8 Min./100°C /LL/Stufe 1 dünsten.

Das restliche, zerkleinerte Gemüse zugeben und im Mixtopf 10 Sek./LL/Stufe 3 unterrühren.

Mit Salz und Pfeffer abschmecken.

Die Auberginenhälften mit der Masse füllen und für ca. 15 min. im Backofen garen.

Low-Carb Fleisch-Rezepte:

Grüne Bohnen mit Hackfleisch und Feta

Pro Portion ca.: 462 kcal, 10,3 Kohlenhydrate

Zutaten für 4 Portionen:
1 Schalotte
1 Knoblauchzehe
500 g gemischtes Hackfleisch
20 g Olivenöl
400 g grüne Bohnen
400 g Tomatenstücke (Dose)
150 g Feta
1 TL Thymian
1 EL Bohnenkraut
Salz, Cayennepfeffer, Paprikapulver

Zubereitung:
Die Schalotte und die Knoblauchzehe schälen und halbieren. Im Mixtopf 5 Sek./Stufe 5 zerkleinern.

Hackfleisch und Öl zufügen und 5 Min./100°C /Stufe 1 anbraten.

Bohnen, Tomaten, Feta, Gewürze zugeben und 10 Min./80°C /Stufe 1 garen.

Grüne Bohnen mit Hackfleisch auf Tellern anrichten und servieren.

Buntes Puten-Curry

Pro Portion ca.: 314 kcal, 26,7 Kohlenhydrate

Zutaten für 4 Portionen:
2 Knoblauchzehen
20 g Olivenöl
500 g Putenbrust
3 kleine Karotten
100 g Kohlrabi
50 g Frühlingszwiebeln
3 Paprika, bunt gemischt
2 kleine Zucchini
400 ml Kokosmilch
1 EL Currypulver
Salz, Pfeffer
1 Bund Koriander

Zubereitung:
Knoblauchzehen schälen und im Mixtopf 5 Sek./Stufe 5 zerkleinern.

Das Öl dazugeben und 2 1/2 Min./Varoma/Stufe 1 dünsten.

Die Putenbrust waschen, trocken tupfen und in Würfel schneiden.

Gemüse waschen, Karotten und Kohlrabi schälen und in Würfel schneiden. Frühlingszwiebeln putzen und in feine Ringe schneiden.

Paprika entkernen und zusammen mit der Zucchini in Würfel schneiden.

Putenfleisch, Gemüse, Kokosmilch, Gewürze zufügen und 10 Min./100°C /Stufe 1 kochen.

Koriander waschen, trocken schütteln und die Blättchen abzupfen.

Buntes Puten-Curry auf Tellern anrichten und mit Koriander bestreut servieren.

Kohlrabi-Schinken-Gratin

Pro Portion ca.: 546 kcal, 18,4 Kohlenhydrate

Zutaten für 4 Portionen:
150 g Gouda
3 Kohlrabi
400 g Wasser
1 Würfel Gemüsebrühe
200 g gekochter Schinken
2 Stiele Basilikum
400 g Wasser
150 g Schlagsahne
30 g Mandelmehl
30 g Butter
Salz, Pfeffer, Muskat
150 g Schmelzkäse

Zubereitung:
Backofen auf 200 °C (Umluft 180 °C / Gas Stufe 4) vorheizen.

Gouda im Mixtopf 10 Sek./Stufe 7 zerkleinern und umfüllen.

Kohlrabi waschen, schälen, in Scheiben schneiden und in den Varoma geben.

Wasser und Brühwürfel zufügen, Gareinsatz einhängen, aufsetzen und 25 Min./Varoma/Stufe 1 garen.

Kohlrabi in eine gefettete Auflaufform geben. Schinken in Würfel schneiden und über den Kohlrabi verteilen.

Basilikum waschen, trocken schleudern und im Mixtopf 7 Sek./Stufe 5 zerkleinern und umfüllen.

Wasser, Schlagsahne, Mehl, Butter und Gewürze im Mixtopf 5 Min./100°C/Stufe 2 garen. Schmelzkäse und Basilikum zugeben und 1 Min./Stufe 4 verrühren.

Die Soße gleichmäßig in der Auflaufform verteilen und den zerkleinerten Gouda darüberstreuen.

Im vorgeheizten Backofen ca. 30 Min. goldbraun gratinieren.

Rindergulasch mit Kürbispüree

Pro Portion ca.: 348 kcal, 34 Kohlenhydrate

Zutaten für 4 Portionen:
300 g Zwiebeln
500 g Rindergulasch
25 g Olivenöl
3 EL Tomatenmark
Salz, Cayennepfeffer
250 g Wasser
30 g Crème fraîche

Für das Kürbispüree:
800 kg Hokkaidokürbis
30 g Butter
200 g Milch
Salz, Pfeffer, Muskat

Zubereitung:
Zwiebeln schälen und im Mixtopf 5 Sek./Stufe 5 zerkleinern.

Das Fleisch abspülen, trocken tupfen, zugeben und mit Olivenöl 5 Min. /Varoma/Stufe 1 andünsten.

Tomatenmark zufügen und 2 Min./100°C /Stufe 1 kochen.

Gewürze und Wasser zugeben und 30 Min./Varoma/Stufe 1 kochen.

Crème fraîche zufügen und 2 Min./100°C/Stufe 1 garen, umfüllen und den Mixtopf spülen.

Für das Kürbispüree den Kürbis waschen, entkernen, das Fruchtfleisch würfeln und zusammen mit den restlichen Zutaten im Mixtopf 20 Min./100°C /Stufe 2 garen und 10 Sek./Stufe 6 pürieren.

Rindergulasch mit Kürbispüree auf Tellern anrichten und servieren.

Hähnchen-Nuggets mit Kräuter-Dip

Pro Portion ca.: 512 kcal, 10 Kohlenhydrate

Zutaten für 4 Portionen:
Für die Hähnchen-Nuggets
700 g Hähnchenbrustfilets
125 g Mandelmehl
70 g Sesam
2 Eier
Salz, Pfeffer, Edelsüß-Paprikapulver

Für den Kräuter-Dip
1 gemischtes Bund Kräuter (Dill, Petersilie, Schnittlauch, Basilikum)
1 Schalotte
200 g fettarmer Joghurt
150 g Magerquark
Salz, Pfeffer, Edelsüß-Paprikapulver

Zubereitung:
Den Backofen auf 200°C (Umluft 180°C / Gas Stufe 4) vorheizen.

Das Fleisch abspülen, trocken tupfen und in mundgerechte Stücke schneiden.

Mandelmehl und Sesam im Mixtopf 10 Sek./LL/Stufe 3 verrühren und umfüllen.

Eier und Gewürze im Mixtopf 5 Sek./Stufe 5 mischen. Fleisch zufügen und 10 Sek./LL/Stufe 3 verrühren.

Hähnchenteile im Mehlgemisch wälzen und nebeneinander auf ein mit Backpapier ausgelegtes Backblech verteilen. Im Backofen ca. 20 Minuten goldbraun backen.

Für den Dip die Kräuter waschen und trocken schütteln.

Die Schalotte schälen und zusammen mit den Kräutern im Mixtopf 5 Sek./Stufe 5 zerkleinern.

Joghurt, Quark und Gewürze zugeben und 10 Sek./LL/Stufe 3 verrühren.

Hähnchen-Nuggets mit Kräuter-Dip auf Tellern anrichten und servieren.